AF416868

Psychologie pour débutants

Les bases de la psychologie expliquées simplement - comprendre et manipuler les gens

Claudia Sonnenbeck

CONTENU

Introduction à la psychologie

La psychologie est un sujet aux horizons vastes et parfois encore inexplorés. Le bien-être psychique d'un individu dépend en effet de chaque influence individuelle. En commençant par le ventre de la mère, en continuant par l'éducation, les hobbies, les opinions, les connaissances, les sentiments et les valeurs apprises. Ces influences sont en effet à l'origine d'un développement positif, mais aussi d'un développement négatif. Ces oppositions entre le développement positif et le développement négatif décrivent en gros la psychologie. Celle-ci tente en effet d'expliquer les comportements d'un individu et offre ainsi la possibilité de surmonter ses peurs, par exemple.

Pour garantir une bonne entrée en matière, il est important de mentionner que l'on regroupe le terme générique de psychologie en de nombreux aspects et sous-thèmes détaillés. Dans ce contexte, de nouvelles découvertes contribuent régulièrement à l'évolution et aux progrès de la psychologie. Par exemple, de nouvelles méthodes et de nouvelles thérapies sont développées grâce à des recherches avancées sur le cerveau et à l'observation du comportement par l'établissement de statistiques.

Le terme de psychologie vient du grec ancien et signifie - si on le traduit littéralement - "science de l'âme". Ce sont surtout les sens humains, c'est-à-dire la vue, l'ouïe, l'odorat, le toucher et le goût, qui sont importants dans cette science de l'âme, car ces sens nous aident à surmonter presque tous les troubles psychiques ou constituent l'un des premiers chantiers.

Pour mieux comprendre la psychologie, avec tous ses thèmes et domaines, les contenus suivants sont utiles. La psychologie est certes très complexe, mais voici une explication simple de la psychologie pour les débutants.

L'histoire de la psychologie

L'histoire de la psychologie permet d'acquérir des connaissances de base importantes pour comprendre la psychologie, car bon nombre de nos thérapies actuelles sont basées sur des modes de pensée de l'époque. Tout d'abord, la psychologie remonte au 19e siècle. C'est en effet à cette époque que la psychologie a été officiellement établie en tant que domaine de recherche indépendant et scientifiquement reconnu, grâce au regroupement de groupes de chercheurs. Mais en réalité, ce domaine de recherche existait déjà *avant Jésus-Christ.*

Un savant grec du nom d'Aristote, qui était philosophe et naturaliste de "profession", a en effet déjà écrit à son époque un livre intitulé "De anima" - "De l'âme" - dans lequel il parle de l'âme humaine, discute et émet des hypothèses. Ce livre et les discussions de l'époque ont finalement servi de base au scientifique et pédagogue Siegmund Freud et à ses modèles sur la psyché.

Différentes influences, comme par exemple le matérialisme, ont conduit à nos connaissances actuelles. Au 19e siècle, par exemple, l'importance des organes sensoriels d'un individu était déjà reconnue et a été développée et améliorée par nos connaissances actuelles. Mais les psychologues, qui étaient composés de philosophes, de médecins et de naturalistes, n'étaient bien sûr pas toujours d'accord entre eux, c'est pourquoi de nombreuses orientations de la psychologie ont vu le jour au début du 20e siècle et existent encore aujourd'hui. Ces différentes orientations seront toutefois décrites et expliquées plus tard, mais elles constituent encore aujourd'hui les fondements de notre psychologie actuelle.

Test d'auto-évaluation : Quel est mon état psychique ?

Vous trouverez ci-dessous un auto-test qui décrit l'état psychique d'un individu. Il permet de mieux se connaître et d'approfondir le sujet. Quinze affirmations sont ensuite énumérées. Ces affirmations se basent sur différents sentiments et comportements personnels. Le test fonctionne de la manière suivante : pour chaque affirmation, on peut se donner des points de 1 à 10. Le chiffre un signifie "pas d'accord" et le chiffre dix signifie "tout à fait d'accord". Les chiffres de 2 à 9 indiquent des tendances.

1. J'ai tendance à être anxieux et nerveux.

2. Je me fais beaucoup de soucis pour beaucoup de choses différentes.

3. J'ai l'impression de pouvoir contrôler peu de choses et cela me tourmente.

4. J'ai un sommeil mauvais et agité

5. Je vis beaucoup dans le passé.

6. Mon comportement alimentaire a changé sans que je le veuille.

7. Je manque souvent d'énergie et de motivation.

8. Je préfère souvent être seul.

9. Je suis facilement irritable et je souffre de sautes d'humeur.

10. Je me sens souvent épuisé par la vie quotidienne.

11. Je néglige ma famille et mes loisirs.

12. J'ai souvent des pensées négatives.

13. Mon énergie me manque.

14. Ma famille a déjà attiré mon attention sur mon comportement.

15. Je ne ris plus beaucoup.

L'évaluation de ces affirmations est très simple. Pour chaque affirmation, le score individuel correspondant est noté. Plus le résultat est élevé, plus on peut en déduire que l'état psychique n'est définitivement pas dans un état idéal et qu'il peut être amélioré.

Pour se rapprocher de l'état idéal et améliorer son propre bien-être, il existe différents exercices et méthodes qui contribuent à être plus heureux et à penser de manière plus positive.

Psychologie scientifique vs. psychologie profane

Le terme générique de psychologie comprend deux notions à différencier strictement. Tout d'abord, la notion de psychologie scientifique, mais aussi la notion de psychologie non professionnelle.

La psychologie non professionnelle est également appelée psychologie de la vie quotidienne. Elle comprend des connaissances issues de la psychologie qui ne sont pas basées sur des critères et des faits scientifiques. Cela signifie que la psychologie de la vie quotidienne ne fixe pas les critères de la connaissance sur des preuves scientifiques, mais se base sur des hypothèses répandues à travers des expériences personnelles similaires, des vécus, des histoires et autres.

La psychologie quotidienne a donné naissance à des mythes, notamment dans le domaine des stéréotypes sexuels, de la situation familiale et de l'âge. Un mythe très répandu est que les femmes ont toujours plus de temps de parole que les hommes et que cela est dû au fait que les femmes doivent toujours communiquer et ont besoin d'attention. Il s'agit là d'un exemple typique de la psychologie quotidienne. Les événements qui se produisent le plus souvent sont reformulés comme étant universellement valables et une psychologie sous-jacente est recherchée et restructurée de manière appropriée.

Cela se produit surtout lorsque l'on a pu réfuter scientifiquement des mythes, car cela n'est pas pris en compte dans la psychologie quotidienne. Pour reprendre le même exemple : L'étude scientifique 6 AP-SYH01 1 a pu réfuter le fait que les femmes parlent plus que les hommes. Tant les hommes que les femmes parlent en moyenne environ 16 000 mots par jour.

Les principales différences entre la psychologie quotidienne et la psychologie scientifique sont donc que dans la psychologie quotidienne, les mythes ainsi que les affirmations non réfléchies sont généralisés sans être examinés de manière critique. Des affirmations contradictoires sont formulées et ne sont pas scientifiquement justifiées, les collectes de données sont basées sur le hasard et non sur des statistiques et des analyses structurées. En psychologie scientifique, elles sont vérifiables à l'aide de méthodes et de concepts conçus de manière scientifique. En outre, malgré des orientations et des voies différentes, les chercheurs parviennent souvent aux mêmes conclusions et résultats en raison des règles et des concepts scientifiques.

En revanche, la phrase de tous les jours "les contraires s'attirent" n'est pas scientifiquement démontrable ni vérifiable. Les "psychologues du quotidien" s'occupent de différentes interprétations et les théories qu'ils ont établies ne sont pas ou peu vérifiables et répétables. Les théories sont cependant vérifiables dans la réalité à l'aide de méthodes scientifiques. Un problème présent dans la psychologie quotidienne est cependant aussi que ces phrases toutes faites conviennent à presque toutes les situations et que leur "justesse" se retrouve donc aussi souvent dans le monde.

Néanmoins, toute personne devrait être consciente que les déductions psychologiques n'ont pas d'explication monocausale (cause unique), mais que les comportements humains peuvent présenter des différences drastiques. La psychologie, en tant que science objective, expérimentale et basée sur des statistiques, a pour but de modifier le contrôle du comportement d'une personne. La psychologie est considérée comme une science du comportement basée sur la méthodologie et sur l'expérience humaine.

CLAUDIA SONNENBECK

Domaines de la psychologie

La psychologie est donc une science du comportement ainsi qu'une science naturelle qui représente le comportement et l'expérience et qui se distingue, à l'aide de perspectives et de méthodes scientifiques, de la psychologie quotidienne ou de la psychologie amateur déjà décrite ci-dessus. L'acquisition de connaissances en psychologie se base sur les niveaux socioculturel, psychologique et biologique et peut donc être subdivisée en différents domaines ou disciplines qui se distinguent en **branches** *fondamentales,* *branches* *d'application* et *branches méthodologiques.*

En commençant par les bases, il convient de mentionner qu'au sein de ces disciplines, on distingue encore les matières qui font également partie d'autres matières fondamentales et les matières qui présentent des connaissances fondamentales dans certains contextes et contextes. La première différenciation, c'est-à-dire les matières qui font également partie d'autres disciplines fondamentales, comprend la psychologie générale, la biopsychologie et la méthodologie psychologique. La psychologie sociale, la psychologie de la personnalité, la psychologie différentielle et la psychologie du développement font partie du domaine des connaissances fondamentales.

La psychologie générale s'intéresse à la question de savoir quelles régularités et relations peuvent être trouvées en ce qui concerne le vécu et le comportement d'une personne et quels points communs en résultent. Elle aborde des aspects tels que la connaissance, l'attention, les émotions, les motivations, la perception, l'apprentissage, la cognition et le langage.

La psychologie biologique, quant à elle, s'intéresse aux domaines qui ont un impact sur l'expérience et le comportement. Des aspects tels que la génétique d'une personne sont étudiés, mais également l'anatomie, la physiologie, l'activité cérébrale, l'activité musculaire, la fréquence cardiaque, la pression artérielle et d'autres aspects liés à la biologie du corps humain.

Les disciplines des domaines d'application sont très marquées et fortement ramifiées avec des sous-thèmes. On peut cependant dire de manière générale que la psychologie clinique en fait partie avec les thèmes de la neuropsychologie et de la psychologie médicale, la psychologie économique avec les sous-thèmes de la psychologie du travail, y compris la psychologie de l'ingénieur, la psychologie organisation-nelle, la psychologie d'entreprise, la psychologie finan-cière, la psychologie de direction, la psychologie du marché, y compris la psychologie commerciale, la psychologie de la consommation, la psychologie de la vente et la psychologie publicitaire. D'autres domaines d'application sont la psychologie pédagogique, la psychologie de la paix, la psychologie communautaire, la gérontopsychologie, la psychologie de la santé, la psychologie des médias, la psychologie militaire, la psychologie de la musique, la psychologie politique, ainsi que la psychologie juridique avec les sous-thèmes de la psychologie criminelle et de la psychologie médico-lé-gale. Mais des domaines tels que la psychologie reli-gieuse, la psychologie scolaire, la psychologie du sport, la psychologie environnementale et la psychologie de la circulation font également partie des champs d'application.

Les matières méthodologiques sont également subdivisées de manière complexe. L'un des aspects les plus importants et les plus généraux est la méthodologie psychologique avec les sous-thèmes méta-analyse, théorie scientifique, méthodologie expérimentale, recherche évaluative, éthique, mathématiques, informatique et psychologie mathématique. L'aspect des mathématiques comprend également le sous-thème de la stochastique, qui traite des statistiques, de la théorie des jeux, de la combinatoire et de la théorie/calcul des probabilités. Le diagnostic psychologique constitue le deuxième terme générique important dans ce domaine.

C L A U D I A   S O N N E N B E C K

Les courants de la psychologie

Les courants de la psychologie comprennent 5 thèmes qui sont très différents les uns des autres. Il s'agit notamment du behaviorisme, de la psychologie des profondeurs, de la psychologie gestaltiste, de la psychologie cognitive et de la psychologie humaniste.

Le behaviorisme a vu le jour chez les humains au début du XXe siècle. Ce courant s'intéresse fondamentalement à un stimulus déclenché et à la réaction qui s'ensuit chez un individu. L'intérêt s'est porté en particulier sur les comportements et les processus d'apprentissage. Ces processus ou les différents comportements peuvent être aussi bien négatifs que positifs. Le schéma qui décrit précisément l'étude du stimulus et du comportement s'appelle le schéma stimulus-réponse. Entre le XIXe et le XXe siècle, un physiologiste a fait les premières recherches sur cette étude des réflexes, mais celle-ci a d'abord été testée sur des chiens.

La <u>psychologie des profondeurs</u>, quant à elle, s'intéresse beaucoup plus à la psychologie de l'être humain avec d'autres méthodes et approches. La psychologie des profondeurs peut être divisée en trois aspects principaux. Le premier décrit l'analyse méthodique du comportement humain et de l'expérience humaine. Le deuxième aspect décrit une théorie établie dans ce domaine et le troisième support principal est constitué par les trois instances que sont le moi, le ça et le sur-moi. Ce thème comprend également des aspects importants de l'interprétation des rêves et de l'explication des troubles psychiques et des orientations sexuelles.

En revanche, la Gestalt-psychologie considère et traite le vécu et la perception comme un tout. C'est pour cette raison qu'elle est également appelée théorie de la perception. Les personnes qui pratiquent la Gestalt-psychologie essaient donc toujours de trouver des lois ou des explications qui aident à expliquer l'être humain avec ses interprétations les plus diverses. Les questions suivantes sont par exemple abordées :

• Pourquoi peut-on mettre certaines choses à l'arrière-plan et d'autres au premier plan ?
• De quels facteurs dépend la rapidité des détections ?
• Pourquoi et comment l'homme voit-il certains liens entre les choses ?
• Quels sont les facteurs qui peuvent faciliter ou compliquer la reconnaissance de ces liens ?

La psychologie cognitive, ou cognitivisme, s'intéresse ici à l'analyse et à l'étude du traitement de l'information par un individu.

Le dernier courant, c'est-à-dire la psychologie humaniste, traite de l'épanouissement individuel, de l'autodétermination, de la réalisation de soi et d'autres choses encore. Le postulat de base de ce courant repose sur l'idée que les personnalités saines s'épanouissent grâce à cette forme de psychologie.

Psychologie physiologique

La psychologie physiologique tente d'expliquer comment les émotions, les comportements et les changements de conscience sont liés à des aspects tels que la respiration, la motricité, les hormones, la circulation et l'activité cérébrale. Par exemple, l'interaction entre les émotions et le stress joue un rôle important pour le corps. La recherche se concentre sur l'étude du traitement des stimuli sensoriels. Le fait de ressentir une douleur peut par exemple entraîner une augmentation du rythme cardiaque et une contraction des muscles.

Cette réaction se produit également, par exemple, dans le trouble psychique des "attaques de panique". Le signal de la douleur est envoyé et la personne a des palpitations cardiaques - elle s'imprègne de la situation et tombe dans la peur de la mort.

Psychosomatique

La psychosomatique est entre autres également appelée pathologie ou approche holistique. La psychosomatique étudie les processus et les interactions qui se produisent chez une personne malade ou en bonne santé grâce à ses capacités psychiques. Le mot vient du grec ancien et signifie âme (psyché) et corps (soma).

En psychosomatique, ce sont surtout les influences psychiques dues à des actes somatiques qui sont étudiées et analysées. On essaie d'identifier l'origine qui a été transmise au corps par un stimulus psychique. La somatopsychologie est ce que l'on appelle le pendant de la psychosomatique. Cette dernière s'intéresse en effet à la manière dont le niveau psychique et émotionnel souffre d'une maladie physique. La méde-cine psychosomatique est l'exécution et la mise en œuvre de la psychosomatique dans un hôpital ou un établissement médical. La détection, la prévention, le traitement et la rééducation font partie des tâches fon-damentales. Les domaines d'application les plus divers en font partie : Par exemple, en présence de maladies physiques, comme un cancer. D'autres exemples sont les troubles post-traumatiques, les troubles de stress, les troubles de la personnalité, les troubles alimentaires et bien d'autres encore.

Mais la psychosomatique ne signifie pas que l'on fasse toujours obligatoirement une découverte soma-tique. Il existe aussi des troubles psychiques qui dé-clenchent des douleurs physiques sans qu'il y ait en ré-alité un risque d'inquiétude. Un exemple typique est le trouble psychique "attaques de panique". Dans le cas des attaques de panique, on peut dire fondamentale-ment que la personne réagit de manière hypersensible à certains stimuli et dramatise généralement les choses. Un pincement dans la poitrine est auto-dia-gnostiqué comme une crise cardiaque imminente, alors que ce "pincement dans la poitrine" n'est pas aussi réel que la personne concernée le perçoit et ne signifie pas non plus que sa vie est en danger. Par exemple, si un individu a eu sa première crise d'angoisse avant un examen, il est probable que tout stimulus lié à un examen déclenche une nouvelle crise d'angoisse. Cela peut être le bruit d'un livre ouvert, l'odeur du papier ou même le fait de tenir le même stylo. Chaque stimulus que le corps reçoit est transposé et le corps devient nerveux et "se fait du mal". Dans ce cas, l'examen psycho-somatique peut alors fournir des informations sur le sujet et l'on peut, en tant que personne concernée, suivre un traitement psychique.

La perception d'un stimulus et la réaction qui s'en-suit sont également appelées contexte psychosoma-tique. L'exemple des attaques de panique est tout aussi approprié. Le sentiment de peur que l'on ressent lors d'une crise de panique entraîne la sécrétion d'adréna-line par les glandes surrénales d'une personne. Cette sécrétion a pour conséquence de perturber le système nerveux végétatif, ce qui peut par exemple entraîner des troubles digestifs. C'est pourquoi de nombreuses expressions utilisées sont vraies. Lorsque l'on est ner-veux ou que l'on a peur ou des doutes, on dit souvent "J'ai quelque chose de lourd dans l'estomac" ou encore "La peur me traverse les membres". Des influences ex-térieures peuvent alors également aggraver la réaction ou la conséquence. Par exemple, le fait de s'endormir constamment devant la télévision peut perturber le comportement de sommeil et entraîner un trouble du sommeil. Mais les toxines comme l'alcool, le tabac ou les drogues en général peuvent également avoir des effets psychosomatiques.

Psychologie de la perception

La psychologie de la perception étudie la part dite <u>subjective</u> de la <u>perception</u>. Pour mieux comprendre la psychologie de la perception, il est important de savoir que l'on parle de relations objectives et subjectives entre les stimuli et leurs sensations. La perception objective décrit le fait que les personnes en bonne santé (c'est-à-dire sans trouble de la vue, de l'ouïe ou autre) - puisqu'elles ont toutes les mêmes organes sensoriels - perçoivent un stimulus de la même manière. La perception subjective est celle qui détermine en fin de compte la manière dont ce stimulus est interprété. La psychologie de la perception étudie et explique donc la partie qui n'est pas expliquée par la science, mais par notre anatomie fondamentale.

THEORIE DE LA PERCEPTION

Il existe différentes théories pour expliquer les perceptions. L'une d'entre elles est la théorie de Hermann von Helmholtz.

Cette théorie, élaborée en 1866, affirme que l'expérience qu'un individu fait ou a faite est déterminante pour la vision qu'il a de son environnement. Selon Hermann von Helmholtz, l'expérience contribue de manière décisive à notre vision de l'environnement. Un individu utilise inconsciemment son vécu et ses expériences pour juger et conclure sur ce qu'il perçoit. C'est grâce à ce "raisonnement inconscient" que l'on peut percevoir aussi rapidement dans son environnement habituel, car on n'a besoin que de peu de stimuli. Mais dans un environnement inhabituel, cela peut aussi conduire à une mauvaise interprétation des processus en cours dans l'environnement en raison de situations inconnues, ce qui peut entraîner un sentiment de malaise, voire de gêne pour les personnes qui nous entourent.

Une autre théorie de la perception est la théorie de la perception écologique de James J. Gibson. La théorie de Gibson examine trois facteurs d'analyse fondamentaux. Le premier facteur décrit le facteur d'analyse précise des informations dans l'environnement. Le deuxième facteur décrit la "prise en compte de l'activité des êtres vivants" et le troisième aspect décrit la "spécification des offres de perception du monde en fonction de la spécificité de l'espèce des êtres vivants qui nous intéressent". En étudiant ces trois aspects, il a été possible de découvrir que ce ne sont pas les stimuli individuels qui poussent un individu à absorber quelque chose, mais que cela réside dans la diversité des invariants sur le temps et le mouvement. De plus, l'offre d'action joue également un rôle important dans cette théorie. Par exemple, l'offre d'action d'un escalator est perçue différemment selon le type d'être vivant.

PSYCHOLOGIE DE LA GESTALT

Un autre sous-thème important de la psychologie de la perception est la psychologie de la Gestalt. Celle-ci décrit l'expérience comme un tout. En psychologie de la Gestalt, il existe ce que l'on appelle les lois de la Gestalt, qui ont été formulées en 1923. La première loi est appelée loi de proximité et signifie que les éléments qui ne sont pas très éloignés les uns des autres sont perçus comme appartenant à un même ensemble.

La deuxième loi s'appelle la loi de la similitude. Celle-ci stipule que les éléments et les objets qui se ressemblent sont plus susceptibles d'être considérés par un individu comme appartenant à un même ensemble que les éléments qui présentent une nette disparité.

Il s'ensuit la loi de la bonne forme, qui stipule qu'un individu préfère percevoir des formes qui possèdent une structure simple.

Une autre loi est la loi de la bonne continuation ou loi des lignes continues. Cette loi décrit que si l'on voit deux lignes formant un X, on ne suppose pas qu'il s'agit de deux lignes avec un coude, mais qu'il s'agit de deux lignes droites qui ne font que se croiser.

Une autre loi est la loi de la fermeture. Cela signifie qu'un individu préfère percevoir des structures qui sont fermées et ne semblent pas ouvertes et non fermées.

Une autre loi est la loi du destin commun, qui décrit qu'il est préférable de percevoir quelque chose qui se déplace dans la même direction. Il peut s'agir d'un élément, de deux éléments ou de plusieurs éléments.

Cette loi était la dernière à exister à l'époque, jusqu'à ce que Stephen Palmer formule trois autres lois de la Gestalt en 1990.

Ces lois ont été appelées loi de la région commune, loi de la simultanéité et loi des éléments liés.

La première loi, à savoir la loi de la région commune, décrit le fait que les éléments situés dans des régions délimitées sont davantage perçus et ressentis par quelqu'un comme appartenant à un même ensemble que lorsque ce n'est pas le cas.

La loi de la simultanéité décrit le fait que des changements simultanés sont également plus susceptibles d'être considérés comme cohérents. Et la dernière loi, la loi des éléments connectés, décrit que les éléments connectés sont perçus comme un objet entier et unifié.

Si l'on connaît ces lois, on peut remarquer qu'elles sont aussi souvent utilisées dans notre monde. Les médias en sont un exemple. Soit les médias utilisent ces lois pour reconstruire un "sentiment connecté et unifié", soit pour mettre délibérément quelque chose en avant, ce qui signifie que ces lois sont volontairement violées.

Par exemple, le rouge est la couleur complémentaire du vert, ce qui signifie que si quelque chose est de couleur rouge sur un fond vert, le cerveau humain le percevra plus intensément. La loi de la similitude est ainsi brisée. Mais ces lois de la forme sont également appliquées dans d'autres domaines.

PERCEPTION SENSORIELLE

Un autre point important dans le domaine de la psychologie de la perception est bien entendu la perception sensorielle. Comme chacun sait, l'être humain possède cinq sens qui lui permettent de voir, de sentir, d'entendre, de goûter et de toucher. Dans le langage technique, on parle de "vision" pour désigner la perception visuelle par l'œil. L'œil perçoit des stimuli visuels tels que la luminosité, le contraste, les couleurs, les contours, les formes, la tridimensionnalité, mais aussi les mouvements et autres impressions.

L'"écoute" est également appelée perception auditive par l'oreille. Celle-ci capte les sons, les tonalités et les bruits et possède la capacité d'identifier la distance des sons ainsi que leur direction. La perception auditive peut également être activée par le sens du toucher en cas de sons très forts, car on peut sentir les vibrations. De plus, l'oreille a également la capacité de contrôler le sens de l'équilibre d'une personne et permet ainsi à un individu de saisir le contrôle des mouvements.

Le sens du toucher est décrit comme la perception tactile et aide l'homme à ressentir le contact grâce à des récepteurs de chaleur et de froid. On distingue toutefois les deux sous-systèmes suivants : Le premier aspect est la sensibilité profonde. Elle décrit la perception des membres du corps et la posture qui y est associée. Dans ce cas, au lieu d'un seul organe, c'est une plus grande quantité de récepteurs qui est responsable de la réception des stimuli. C'est ce que l'on appelle le "sens musculaire". De plus, la perception par le corps de ses propres organes fait également partie de cet aspect.

Le deuxième aspect est la perception tactile, qui permet de ressentir la température, les vibrations, le toucher et la pression. L'organe sensoriel qui permet de percevoir tous ces stimuli est la peau.

L'odorat est décrit comme une perception olfactive et est capté par le nez. La détection des odeurs est fortement associée aux émotions dans le cerveau, c'est pourquoi elle est souvent utilisée dans le cadre d'une thérapie. L'odorat est également décrit comme une perception gustative et est détecté par la langue, qui porte différents récepteurs gustatifs qui aident à identifier les aliments, les produits chimiques et autres.

En psychologie de la perception, les sens jouent un

rôle extrêmement important, car sans eux, l'être humain ne pourrait tout d'abord pas percevoir et, ensuite, les différents sens offrent à un individu de nombreuses manières différentes d'interpréter les situations et sont donc importants pour la prise de décision.

PERCEPTION DE BASE DE LA FIGURE (EXEMPLE "COUPE RUBIS" DE WELLHÖGER 1990)

Dans le domaine de la perception sensorielle, il existe également la notion de perception de base de la figure, qui est illustrée par un gobelet rubis. La perception figure-fond décrit la distinction entre le premier plan et l'arrière-plan par la pondération individuelle des stimuli perçus. Pour expliquer l'exemple : sur l'image, on trouve représenté en blanc un gobelet rubis et, à gauche et à droite de celui-ci, en formes grossières et en couleur noire, des personnes qui sont symétriques et se regardent. La question est de savoir si l'on perçoit d'abord le gobelet et si le noir n'est que l'arrière-plan, ou si l'on perçoit d'abord les personnes et si le blanc passe à l'arrière-plan et n'est pas reconnu comme un gobelet. Grâce à l'afflux des différents stimuli par les couleurs et les formes, etc., le cerveau filtre les impressions qui semblent importantes et celles qui ne le sont pas. Les stimuli importants sont alors mis en avant et les stimuli non importants sont automatiquement relégués à l'arrière-plan.

CLAUDIA SONNENBECK

Psychologie de la personnalité

La psychologie de la personnalité est un domaine de la psychologie qui s'occupe en général de la personnalité d'un individu. Les motivations, les développements et les réactions aux stimuli caractérisent cette psychologie.

LE MODELE DE PERSONNALITE BIG-FIVE

Le modèle des cinq grands de la personnalité est un modèle à cinq facteurs issu du domaine de la psychologie de la personnalité, qui existe depuis très longtemps et qui compte encore aujourd'hui parmi les modèles internationaux reconnus pour étudier la personnalité d'un individu. Les cinq facteurs de personnalité sont ici

- <u>Ouverture aux</u> expériences
- <u>Conscience</u>
- <u>Extraversion</u>
- <u>Compatibilité</u>
- <u>Névrosisme</u>

Le facteur ouverture décrit l'intérêt pour de nouvelles expériences et occupations en rapport avec les impressions recueillies. Le facteur Conscience décrit la caractéristique du contrôle de soi et la caractéristique du perfectionniste. L'extraversion décrit dans l'ensemble le comportement interpersonnel. Le facteur suivant est appelé "tolérance" et décrit également le comportement interpersonnel. Le dernier facteur est le névrosisme, qui reflète les émotions négatives et est l'opposé de la force émotionnelle.

AUTO-TEST DU BIG-FIVE : QUELLE EST MA PERSONNALITE ?

Une question importante qui nous préoccupe est celle de notre propre personnalité. Pour la dégager, il faut d'abord se rappeler quelles sont les capacités des différentes personnalités.

Les personnes ouvertes se distinguent par
• Bonne imagination
• Savoir classer ses émotions
• Intérêt pour les affaires publiques
• Curiosité
• Le goût de l'expérimentation
• Comportement non conventionnel
• La nouveauté est plus intéressante et meilleure que l'ancien et l'éprouvé

Les personnes consciencieuses se distinguent par
• Organisation
• Soin

- Fiabilité
- Supériorité et planification

Les personnes ayant un comportement extraverti sont

- convivial
- actif
- bavard
- optimiste
- cordialement

Les personnes compatibles ont les caractéristiques suivantes :

- Désir d'acceptation sociale
- Ils sont compréhensifs
- Ils sont bienveillants
- Ils sont compatissants

les personnes ayant un niveau élevé de névrosisme sont

- Anxieux
- Tendu
- Incertain
- Pose
- Réfléchi
- Hypersensibilité aux émotions négatives

Pour savoir quelle personnalité on a maintenant, il faut examiner les facteurs de plus près et réfléchir précisément aux aspects qui nous attirent le plus.

COMMENT CHANGER SON CARACTERE/LES STRUCTURES DE SA PERSONNALITE ?

En principe, on peut affirmer qu'il est possible de changer de personnalité. Cela se voit généralement au simple fait que, si l'on regarde en arrière, on n'est plus la même personne en termes de comportement qu'il y a cinq ans. Un changement de personnalité implique toutefois beaucoup de patience, de temps et de discipline. La plupart du temps, il s'agit de petites manies ou de mauvaises habitudes que l'on aimerait changer chez soi, mais le temps de s'en défaire est très difficile. Il faut être particulièrement attentif à son corps et bien l'écouter. Mais la première et la meilleure étape d'un changement de personnalité est le fait de visualiser soi-même ce que cela signifie de changer sa personnalité ou une partie de sa personnalité.

Psychologie du développement

La psychologie du développement est une composante importante de la psychologie et décrit les changements de vécu et de comportement au cours de la vie d'une personne. Elle se concentre sur le déroulement sain d'une vie et non sur une période de vie marquée par la maladie.

La notion de développement est très difficile à expliquer. En général, on peut toutefois affirmer que le développement est le processus de création et de changement, et que l'on parle de trois principes de développement dans le cadre de la psychologie. Le premier est le principe de croissance, le deuxième est le principe de maturation et le troisième est le principe d'apprentissage.

Le principe de la croissance traite avant tout de la modification de la structure du corps et plus précisément de la forme, de la taille, etc. Le terme de maturation désigne le développement concret de réflexes, d'instincts ou d'autres comportements que l'on n'a pas appris, mais que l'on porte en soi dans son corps.

Le dernier principe, c'est-à-dire le principe d'apprentissage, se réfère aussi bien au domaine traditionnel du conditionnement qu'au domaine qui englobe l'apprentissage scolaire. La tâche de la psychologie du développement est donc d'expliquer pourquoi certains changements se sont produits, pour quelles raisons le sentiment de stabilité se produit et pourquoi il existe des différences inter- et intra-individuelles à cet égard.

Psychologie sociale

La psychologie sociale est un thème qui se retrouve à la fois dans le domaine de la sociologie et dans celui de la psychologie. Elle décrit l'influence des facteurs sociaux les plus divers ainsi que les modes d'expérience et de comportement. La pensée et l'action ainsi que le comportement sont donc étudiés en tenant compte de l'influence sociale.

Il est bien connu que tous les processus d'une personne en matière de comportement, de réactions et de formation d'opinion se font en tenant compte des normes sociales et de son propre état d'esprit. Cependant, l'environnement peut également influencer les décisions de manière consciente ou inconsciente. Par exemple, un individu se sent beaucoup plus à l'aise dans un groupe de personnes qui se déplacent, s'habillent et ont des intérêts similaires que dans un groupe qui ne remplit pas tous ces points. Ce phénomène se produit en raison de l'identification à l'environnement social.

La psychologie sociale a montré qu'il est toujours important pour un individu de pouvoir s'identifier et d'avoir un environnement agréable pour développer des pensées positives. Cette découverte a permis aux psychologues sociaux d'aider activement à atténuer la douleur et à combattre les phobies et les peurs, par exemple.

Le domaine de recherche de la psychologie sociale comprend toutefois de nombreux domaines différents. La perception sociale, la cognition sociale, la construction de soi ou encore les attitudes en sont des exemples.

La <u>perception sociale</u> traite de la manière dont les informations collectées sont perçues et interprétées par l'observation de l'environnement. Des sous-thèmes tels que les théories d'attribution, la théorie des conclusions correspondantes et la théorie de la covariation font partie du terme générique de perception sociale. Les <u>théories d'attribution</u> thématisent les explications du comportement des personnes. La théorie des conclusions correspondantes suppose que "les observateurs déduisent d'un comportement observé des intentions correspondantes". La dernière théorie, c'est-à-dire la <u>Théorie de la covariation</u>La théorie de la covariation explique les évaluations individuelles et différentes des personnes par rapport à une situation et une action observées.

Le domaine de la <u>cognition sociale</u> englobe l'autre thème général de la psychologie sociale et sert à expliquer les approches de la pensée. La cognition sociale sert à déterminer pourquoi et comment une action et une réaction peuvent être influencées par un aspect social. Dans ce processus, on distingue fondamentalement deux processus différents, à savoir le processus automatique et le processus (de pensée) contrôlé. Un processus automatique est décrit comme un processus qui se produit automatiquement et sans intention, sans perturber les processus cognitifs qui se déroulent simultanément. Un processus contrôlé, en revanche, est celui qui a été provoqué intentionnellement et qui se déroule consciemment chez une personne.

Par conséquent, la construction de soi existe aussi dans le domaine de la psychologie sociale.

Ce thème permet d'analyser différentes causes liées à l'individu. La grande question du "pourquoi" et la grande question du "d'où" en rapport avec la connaissance de soi d'un individu sont élaborées dans ce thème. Les questions centrales ne sont pas seulement l'origine et le "pourquoi", mais aussi des notions telles que le concept de soi, les schémas de soi et l'estime de soi, qui jouent un rôle essentiel dans le thème de la "construction de soi".

Nous poursuivons avec le thème des "attitudes". Par ce thème, on entend qu'un individu évalue différentes choses comme les groupes, les marginaux, les comportements, les opinions, mais aussi les personnes de son environnement social. En effet, l'attitude intérieure a une influence énorme sur la manière dont une personne pense et agit en tant qu'individu, car les attitudes influencent les perceptions. Dans ce domaine, le modèle multi-composantes de l'attitude est un modèle courant qui indique que la définition du terme "attitude" est qu'en tant qu'être humain, on essaie de porter un jugement sur un objet qui repose sur des bases cognitives, affectives et comportementales. Dans ce contexte, l'interaction entre l'attitude et le comportement est très importante. En effet, comme le disent les chercheurs en attitudes, les attitudes peuvent prédire le comportement d'une personne.

La psychologie sociale s'intéresse également aux

émotions, aux rôles sociaux, au sentiment de justice, à la communication verbale et non verbale, à l'agressivité, aux préjugés et à bien d'autres domaines.

Psychologie de la publicité

La psychologie publicitaire décrit l'effet sur l'homme de la publicité que l'on perçoit de différentes manières. La psychologie publicitaire sert à exercer une influence active. Elle doit donc aider ou inciter le client à acheter quelque chose. L'effet de reconnaissance détermine souvent l'achat. Cette reconnaissance peut se faire par le biais d'un slogan, mais aussi par le biais d'une mélodie particulière et forte qui nous vient directement à l'esprit lorsque nous voyons le produit dont il est question. Il ne s'agit donc pas seulement d'associer certains stimuli aux campagnes publicitaires en cours, mais aussi de réussir un certain effet de reconnaissance en tant que vendeur. Pour cela, les répétitions sont très importantes, afin que le slogan, la mélodie ou autre soient accrocheurs et restent tôt ou tard dans la tête d'un individu. Peu importe que l'on aime la mélodie ou que le slogan soit varié. Le fait et l'objectif sont que cela reste dans la tête et que le produit attire l'attention.

Une autre méthode de la psychologie publicitaire fonctionne avec le conditionnement classique. Cela signifie que l'on essaie d'inciter les gens à acheter un produit en leur offrant régulièrement des récompenses. Un exemple est de faire de la publicité pour un bien que tout le monde désire. Par exemple, les flocons d'avoine riches en protéines sont censés être idéaux pour le petit-déjeuner. On fait donc de la publicité en disant qu'en consommant ce produit, on est sûr d'être en meilleure forme et en meilleure santé. Tout le monde veut être en meilleure forme et en meilleure santé et achète donc le produit en pensant qu'il va l'aider. Il existe une approche que l'on peut simplement appeler AIDAS. AIDAS signifie 1. attention, 2. intérêt, 3. désir, 4. action, 5. satisfaction et aborde les aspects les plus importants d'une bonne publicité prometteuse :

1. Attirer l'attention est essentiel pour obtenir des clients potentiels

2. L'intérêt à vouloir s'occuper du produit doit être éveillé

3. Le sentiment d'un désir d'achat doit être garanti

4. Le produit promu devrait être acheté

5. Le client doit recevoir une confirmation d'achat et être satisfait de sa décision d'acheter ce produit. Le client doit être tellement heureux et convaincu qu'il voudra acheter le produit à nouveau.

Cela signifie qu'après un achat réussi et heureux, le parcours du consommateur par rapport au produit est le suivant : Publicité -> Achat -> Publicité -> Achat ultérieur -> Publicité -> Achat ultérieur, etc.

Une autre technique thermique essentielle est celle dite PPPP. Cela signifie "1. picture (image), 2. promise (promesse), 3. prove (preuve) et 4. push (pousser)".

Cette technique publicitaire implique le respect des points suivants :

1. Visualisations imagées pour illustrer le propos
2. La publicité doit inclure une garantie ou une promesse
3. La promesse doit également être prouvée par des faits reconnus
4. Il doit y avoir un appel à l'action

Le dernier point à prendre en compte en matière de psychologie publicitaire est l'<u>USP</u>, également abréviation de "unique selling proposition". Cette abréviation signifie simplement que les slogans publicitaires doivent être faciles à retenir et simples.

En résumé, on peut donc dire au sujet de la psychologie publicitaire que la publicité a une influence énorme sur le psychisme humain et qu'il existe de très nombreuses astuces pour inciter les gens à acheter quelque chose et à croire quelque chose.

CLAUDIA SONNENBECK

Psychologie du sport

La psychologie du sport est une thérapie qui utilise le sport pour aider à identifier certains modèles de comportement. En outre, cette thérapie doit contribuer à résoudre des problèmes ou à les contrer à l'aide du sport. En médecine et en psychologie, le sport est considéré comme un moyen d'unir l'esprit et le corps. On peut par exemple libérer l'agressivité accumulée en pratiquant la boxe ou entraîner son endurance en faisant du cardio et ainsi "épuiser" son corps. En bref, il est prouvé que le sport aide à être heureux. En effet, le sport donne d'abord confiance en soi. On a constamment l'impression d'avoir réussi quelque chose et on se donne une bonne estime de soi. Pour cela, il n'est pas nécessaire de se fixer des objectifs élevés, car même 30 minutes de marche peuvent suffire.

En outre, les scientifiques ont pu constater, en collaboration avec des psychologues, que la pratique régulière d'un sport entraîne un meilleur sommeil. Tout d'abord parce que le système cardiovasculaire s'améliore et ensuite parce que l'activité sportive permet à l'organisme d'entrer plus facilement dans la phase de sommeil profond et de sommeil paradoxal. Le sommeil est indispensable au corps humain. Tout d'abord, parce que notre corps est à un moment donné très faible et que nos muscles ont besoin de repos, mais aussi pour que les choses du passé et les événements de la journée puissent être assimilés.

Mais si l'on ne parvient pas à entrer correctement dans la phase de sommeil profond et dans la phase de sommeil rem, le cerveau ne peut pas assimiler certaines choses et les gens deviennent malheureux et se sentent rapidement faibles physiquement et épuisés. Ce sentiment peut ensuite être combattu par la méthode de la thérapie sportive, qui permet non seulement de se soigner soi-même, mais aussi de découvrir où se situent exactement les problèmes. En effet, même si cette thérapie est basée sur le sport, il est important de filtrer et d'identifier l'origine du problème pour ensuite le combattre.

Psychologie positive

La psychologie positive décrit le traitement des aspects positifs tels que le bonheur, l'optimisme, le sentiment de sécurité et bien d'autres. Ce thème met l'accent sur les forces de caractère, dont font partie des aspects tels que la force cognitive individuelle, la force émotionnelle et l'humanité, mais aussi la force civile comme la justice, l'équité et la responsabilité. Cette forme de psychologie est souvent appliquée dans la pratique des entreprises, par exemple dans le domaine du "leadership positif", de la formation et de l'éducation. La psychologie positive est essentielle pour chaque être humain, car elle lui procure un sentiment de bien-être. Mais on peut aussi appliquer la psychologie positive à soi-même en gardant toujours à l'esprit certains aspects et certaines phrases :

10 AFFIRMATIONS UTILES

Des affirmations utiles dans le domaine de la pensée positive seraient par exemple les suivantes :

1. Je peux prendre ma vie en main.
2. Les autres m'aiment et me respectent pour ce que je suis.
3. J'ai de la valeur.
4. Je m'accepte tel que je suis.
5. Je me pardonne à moi-même.
6. Je m'amuse dans la vie.
7. Je suis adorable.
8. J'ai de la valeur.
9. J'aime mon corps.
10. Je mérite une santé parfaite.

APPRENDRE DES EXERCICES DE PENSEE POSITIVE

Mais on peut aussi apprendre à penser positivement grâce à des exercices très variés. Cela permet par exemple de se protéger d'une crise ou de mieux la gérer.

Pour apprendre à penser positivement, il faut d'abord se représenter exactement où se trouvent les problèmes et comment ils sont ressentis. Il est important d'essayer d'être aussi détaillé que possible dans la description, car cela permettra d'obtenir un meilleur résultat final. Une fois que la personne a compris cela, elle peut faire des exercices qui l'aideront à penser de manière plus positive. Les exercices de pleine conscience sont fondamentaux et peuvent être intégrés dans la vie quotidienne afin d'apprendre à penser de manière plus positive. Les exercices de pleine conscience comprennent entre autres des exercices de méditation.

Le fait qu'une personne pense positivement ou non a un rapport avec la résilience d'une personne, c'est-à-dire avec sa force émotionnelle intérieure. Le degré de cette dernière varie d'une personne à l'autre, car elle se développe au fil de l'éducation, des expériences et des circonstances extérieures durant l'enfance. Mais pour penser positivement, il est important de renforcer sa résilience, car c'est la clé de la pensée positive. Pour cela, de nombreux facteurs sont toutefois importants, que l'on doit garder à l'esprit en tant que personne à la pensée négative : Parmi ces facteurs figurent l'acceptation, les émotions positives, l'optimisme, la perception positive de soi, la conviction de contrôle, l'attente d'efficacité personnelle et le facteur du réseau social. Ces facteurs sont tous couverts chez les personnes résilientes. Les personnes résilientes, par exemple, acceptent le changement et n'essaient pas de toujours lutter contre le changement.

Elles ont accepté que le changement fait partie de la vie et qu'il est inévitable. Il est donc plus facile pour ces personnes, lorsqu'il se produit quelque chose qui génère des pensées négatives, de se sortir de la "dépression". Les personnes résilientes acceptent le fait qu'il n'y a pas de solution à tout dans le monde et sont en paix avec cela autant qu'avec une réponse. D'autres compétences, telles que la capacité à gérer ses émotions et à connaître son humeur, s'y ajoutent également.

Ils se caractérisent par leur optimisme et, grâce à leur capacité à restructurer leurs croyances internes, ils se procurent de nouvelles convictions qui peuvent les rendre plus heureux. Ces aspects, mais aussi de nombreux autres, sont autant de chantiers à travailler pour garantir une pensée plus positive, mais ils peuvent tous être couverts par des exercices.

La méditation et les exercices de pleine conscience, qui consistent à prêter attention à son propre esprit et à s'imprégner de ses influences avec attention et conscience, aident particulièrement à être en paix avec soi-même. Sinon, c'est la restructuration active des croyances et l'intériorisation de la nouveauté ainsi que l'entretien conscient et actif des contacts sociaux qui aident à penser de manière plus positive. De bonnes relations et des croyances intérieures positives rendent en effet heureux, et il a été prouvé que la pratique régulière de la méditation restructure le cerveau de l'individu pour le rendre plus heureux.

CLAUDIA SONNENBECK

Psychologie de la motivation

La psychologie de la motivation est une forme de psychologie qui s'intéresse particulièrement aux effets sur le comportement dès qu'un individu est motivé et qui étudie les motifs dont un individu a besoin pour atteindre la motivation nécessaire. La psychologie de la motivation s'appuie sur quatre connaissances fondamentales qui servent de fil conducteur.

La première constatation est que la motivation est la clé de la compréhension du comportement humain. Ce n'est que lorsque l'on est conscient, en tant que personne extérieure, des motifs ou des motivations en présence que l'on peut comprendre certains comportements. Prenons l'exemple d'une personne qui a grandi dans une grande pauvreté et qui, dans sa nouvelle vie, possède beaucoup de vieux objets et accumule de plus en plus de choses, bien que sa situation financière soit stable. Si l'on ne connaissait pas le contexte, on ne comprendrait pas pourquoi la personne ne jette pas simplement ses affaires à la poubelle. Mais une fois que l'on connaît la motivation qui le pousse à agir ainsi, à savoir la peur de tout perdre à nouveau, on porte un regard différent sur la situation, car on peut comprendre son comportement.

La deuxième constatation est l'aspect selon lequel les motivations sont toujours liées à un objectif précis. Nous ne sommes pas toujours conscients de ces objectifs, mais ils existent bel et bien. Un objectif inconscient que l'on poursuit se révèle souvent pendant la communication, par exemple lorsque l'on veut inconsciemment inciter quelqu'un à changer de décision par le ton de sa voix. Mais bien sûr, ces motifs peuvent aussi être bien réels, comme par exemple faire beaucoup d'heures supplémentaires parce qu'on veut se payer des vacances.

La troisième constatation est que la nature d'une

motivation est souvent déterminante pour le succès ou l'échec d'une personne. La plupart du temps, les gens n'atteignent pas leurs objectifs parce que leur propre motivation leur fait obstacle. Cela se produit souvent lorsqu'une personne se fixe des objectifs étrangers à ses propres objectifs, sans réfléchir activement à ses propres souhaits.

La quatrième et dernière conclusion décrit la manière dont les gens gèrent la frustration. Il existe en effet différentes manières de la gérer, qui peuvent être déterminantes pour la réussite d'un individu. En effet, la raison de l'échec des objectifs vient souvent du fait que la gestion adéquate de la frustration n'a pas été apprise. Les premières difficultés font déjà en sorte que l'on abandonne la motivation au lieu de considérer la difficulté comme un nouveau défi. Inversement, cela signifie aussi qu'un individu a la possibilité de tirer profit d'une phase difficile. Bien sûr, il est logique de se défaire de l'un ou l'autre objectif, mais chaque personne sait du fond du cœur ce qu'elle veut vraiment.

Il existe en outre quelques formes de motivation de base qui déterminent la probabilité d'atteindre un objectif. Les psychologues distinguent quatre *dimensions fondamentales* de la motivation :

Le type de motivation détermine également si un

objectif a de grandes chances d'être atteint ou non. Les psychologues distinguent généralement quatre dimensions fondamentales de la motivation :

La première dimension est la motivation intrinsèque ou extrinsèque. La motivation extrinsèque décrit une motivation qui vient de l'extérieur et qui n'a rien à voir avec l'objectif en soi. On en trouve un exemple classique chez les enfants à l'école. Les parents offrent à l'enfant une récompense matérielle s'il obtient de bonnes notes. Souvent, l'objectif de l'enfant n'est pas tant d'obtenir une bonne note que d'obtenir une récompense. La motivation pour apprendre vient donc de l'extérieur. A l'opposé, on trouve la motivation intrinsèque, qui décrit la motivation venant de l'intérieur. Cette motivation peut par exemple se manifester sous la forme de la curiosité, de la soif de savoir ou de l'intérêt en général.

Pour cette première dimension, des études ont montré que la motivation intrinsèque d'un individu est plus forte et plus durable que la motivation extrinsèque. Les motivations extrinsèques se manifestent généralement lorsqu'il s'agit de tâches qui n'ont pas grand-chose à voir avec les besoins ou les intérêts personnels. C'est pourquoi, une fois le travail effectué, la motivation extrinsèque exige une nouvelle "récompense" à chaque tâche ou ne l'exige plus, car la motivation n'est plus assez forte.

La deuxième dimension est décrite comme la motivation positive ou négative. La motivation négative décrit une motivation qui vise à éviter les choses négatives. Il existe également un exemple scolaire approprié : un enfant en huitième année sait qu'il aura des problèmes à la maison s'il rentre avec de mauvaises notes. C'est pourquoi il étudie beaucoup. L'enfant veut donc éviter la situation négative qui pourrait survenir et se sent motivé à apprendre pour cette raison.

La motivation positive, en revanche, est basée sur un état souhaité. Un exemple approprié serait qu'une personne adulte souhaite arrêter de fumer, car elle aimerait retrouver une meilleure condition physique. De plus, elle remarque elle-même que la fumée de cigarette reste collée à ses vêtements et qu'elle économiserait définitivement plus d'argent. Dans cette dimension, il est plus probable que la motivation de l'adulte dure plus longtemps et qu'il réussisse dans son projet. Des études ont en effet montré que la motivation négative peut déclencher un sentiment de défi et avoir un effet quasi paralysant sur une personne.

La motivation à court terme par rapport à la motivation à long terme décrit la troisième dimension de la psychologie de la motivation. Cette dimension décrit simplement le fait qu'il ne faut pas se fixer de trop grands objectifs sans se fixer d'objectifs intermédiaires. En effet, si l'on ne se fixe qu'un seul grand objectif, il est fort probable que l'on doive passer par de nombreuses phases de frustration qui, en fin de compte, conduiront à l'abandon. En revanche, si l'on se fixe toujours de petits objectifs intermédiaires et qu'on les atteint, on évite les masses de frustration, car chaque fois qu'un objectif intermédiaire est atteint, on peut "faire le plein" de motivation.

La dernière dimension de la psychologie de la motivation est la motivation consciente ou inconsciente. La motivation consciente décrit les objectifs actifs et réfléchis auxquels on s'est consacré. La motivation inconsciente, en revanche, décrit les motifs qui se trouvent dans la partie inconsciente de l'individu. Cela peut conduire à l'échec d'un individu. La motivation inconsciente est également appelée contre-motivation, qui peut empêcher de réaliser un certain objectif conscient. On en trouve un exemple à l'école : un élève accorde consciemment beaucoup d'importance à l'équité et à la justice. Pour cette raison, il souhaite aider ses camarades de classe qui se font embêter sans raison. Sa contre-motivation est cependant qu'il a peur d'être lui-même agacé. Ainsi, ce "niveau de motivation incons-cient" peut conduire à ce que l'on n'atteigne pas ses ob-jectifs. Il est frappant de constater que les personnes souffrant de maladies psychiques sont particulière-ment concernées par cette contre-motivation.

Psychologie expérimentale

La "psychologie expérimentale" est également appelée "psychologie expérimentale" et décrit en gros le processus d'acquisition de connaissances par la réalisation d'expériences sur des thèmes précis. Cette psychologie expérimentale fait déjà partie de nombreux thèmes psychologiques en tant que sous-discipline et est considérée comme un champ d'investigation important. La psychologie expérimentale repose également sur les progrès de la médecine et de la science en général, raison pour laquelle les méthodes et les diagnostics peuvent bien sûr être améliorés en permanence. C'est pour cette raison que cette forme de psychologie est l'une des plus fortes, basée sur le progrès. Cependant, la psychologie expérimentale fait également l'objet de nombreuses critiques. Les objections sont par exemple que "l'on ne peut pas mesurer le psychisme" et qu'il devrait y avoir des particularités et des limites aux expériences.

Psychologie clinique

La psychologie clinique fait partie du thème général de la psychologie appliquée. Elle a pour mission d'étudier les bases des troubles mentaux en tenant compte des aspects scientifiques, biologiques, sociaux, développementaux, comportementaux, cognitifs et émotionnels.

Normalement, la psychologie clinique était une méthode de diagnostic, dans la mesure où celle-ci se trouvait dans une clinique ou un hôpital. Il est toutefois important de mentionner que la psychologie médicale et la neuropsychologie sont fortement liées à la psychologie clinique. La psychologie clinique est utilisée pour analyser les troubles physiques ou sociaux liés à l'environnement, en examinant par exemple les conditions d'action et le comportement sur le vécu à l'aide de méthodes scientifiques. Par ses diagnostics, la psychologie clinique analyse différents modèles de comportement et processus scientifiques ou biologiques. Ce sous-thème de la psychologie appliquée n'est toutefois pas un sujet exclusivement traité en théorie, mais est également lié à une certaine pratique. En effet, les expériences en laboratoire sont également essentielles pour parvenir à des connaissances sur certains aspects.

La mise en évidence et l'étude des troubles psychiques ne sont toutefois qu'un sous-thème de la psychologie clinique, car celle-ci peut en fait être divisée en trois aspects théoriques : Méthodes, diagnostic et traitement. Il n'est pas rare que la psychologie clinique se recoupe avec d'autres thèmes de la psychologie.

On peut toutefois affirmer en général que cette psychologie est une recherche fondamentale qui compare, étudie et examine le comportement "perturbé" avec le comportement "normal". Dans le cadre d'autres recherches, elle cherche également les causes et l'origine des troubles psychiques. Les domaines d'application de cette forme de psychologie sont par exemple les troubles anxieux ou les dépressions.

La psychologie de nos animaux de compagnie

La question de savoir si nos animaux ont aussi une psychologie a certainement déjà été posée par de nombreuses personnes. Tout le monde a déjà voulu savoir si son animal de compagnie avait une conscience semblable à la nôtre. Parfois, les animaux ne se comportent pas de manière instinctive, impulsive et guidée par des pulsions primaires, mais font preuve de caractère, d'amour et, d'une certaine manière, d'un côté humain.

Il est difficile de répondre à la question de savoir si les animaux ont également une conscience, car même la conscience humaine n'est pas clairement définissable, mais seulement interprétable de manière aussi détaillée que possible à partir de nombreuses approches différentes. L'une des pierres angulaires de l'explication de la conscience humaine est la phrase "Je pense, donc je suis" du philosophe français René Descartes. Lorsque l'on dit d'une personne qu'elle est par exemple "consciente des conséquences", cela signifie en sous-texte qu'elle connaît toutes les situations possibles qui peuvent survenir et qu'elle a ensuite pris une décision en pesant toutes les éventualités.

Ce qui caractérise un être humain, c'est sa capacité à contrôler ses processus émotionnels, ses pensées et ses actions, et donc à les modifier et à y réfléchir. C'est ce qui nous différencie des animaux. C'est du moins ce que l'on pourrait penser, mais on ne peut pas l'affirmer à cent pour cent. Il est encore trop complexe pour la médecine et la recherche actuelles de porter un jugement précis sur la conscience de nos animaux domestiques. La recherche sur la conscience est en effet un véritable défi dans le monde animal. Le plus grand problème est peut-être le manque de communication.

Avec un être humain, il est possible de

communiquer par le biais de notre langage sur le comportement, les émotions, les raisons et les causes. Les animaux, en revanche, ne peuvent pas vous dire "ça m'a fait mal", "ça me fait me sentir bien". L'étude de la perception chez les animaux se base donc exclusivement sur des mesures et des observations de processus neurologiques.

Mais si nous, les humains, sommes si en retard dans la recherche, c'est aussi parce que pendant très longtemps, on ne s'est même pas intéressé à ce sujet. On a cependant découvert que les animaux présentent différents traits de caractère, non seulement en dehors des différentes espèces, mais aussi au sein d'une même race.

Ces traits de caractère se développent grâce à l'élevage et à l'éducation des animaux, ainsi qu'aux relations entre les animaux et la mère des chiens lorsqu'ils sont chiots. En outre, une expérience intéressante a alimenté les discussions sur la conscience des animaux. L'expérience a fonctionné avec des corbeaux, des grands singes, des dauphins ainsi que des éléphants. Ces animaux ont été placés devant un miroir et avaient la capacité de se reconnaître. On a pu le découvrir en plaçant près des animaux une tache de couleur qu'ils ne pouvaient voir que dans le miroir. Après avoir découvert cette tache de couleur, les animaux ont essayé de l'enlever sur eux et non sur leur reflet dans le miroir ou autre. La question est de savoir à quel niveau se situe cette conscience.

Mais les êtres humains n'ont pas non plus cette conscience dès le début, ils l'apprennent avec l'éducation. Si l'on tient un bébé devant un miroir, il ne sait pas qu'il est simplement en train de se refléter et ne se reconnaît pas lui-même. Car la seule chose dont les bébés ont besoin, c'est la satisfaction de leurs besoins fondamentaux.

Le sujet est donc très controversé, car il est tout simplement très inexploré et difficile à étudier. On peut certes démontrer à l'aide de substances chimiques que nos animaux domestiques sont tristes ou heureux, mais on ne peut pas encore prouver si l'animal connaît lui-même son humeur. Mais une chose est sûre : ce n'est pas impossible !

Le modèle de l'iceberg selon Freud

Le modèle de l'iceberg de Siegmund Freud est un modèle qui se base sur l'interaction entre le psychisme et la personnalité. Trois parties essentielles de la personnalité y sont discutées et décrites. Les trois aspects essentiels de la personnalité sont le *conscient*, le *préconscient* et l'*inconscient*. Ce modèle - d'où son nom - est visualisé par un iceberg flottant dans l'eau. Environ vingt pour cent de l'iceberg sortent de l'eau et quatre-vingt pour cent se trouvent sous la surface de l'eau. La partie qui sort de l'eau est décrite comme la partie *consciente*, celle qui suit comme la partie *préconsciente* et celle qui se trouve tout en bas comme la partie *inconsciente*.

La partie consciente comprend tous les facteurs logiques et absolus. Parmi ces facteurs, on trouve par exemple les dates, mais aussi les chiffres en général et les faits. Cette partie est également appelée le niveau des faits. La partie préconsciente comprend plutôt des caractéristiques telles que les peurs, les caractéristiques de la personnalité ou encore les conflits refoulés et les valeurs importantes.

La dernière partie de la personnalité est l'inconscient. En font partie les événements qui ont par exemple déclenché un traumatisme, le développement psychosexuel d'un individu ainsi que les instincts avec lesquels une personne est née. Les deux derniers aspects, à savoir le préconscient et le conscient, sont également appelés le niveau émotionnel.

La répartition de ces trois aspects est bien sûr symbolique et judicieusement choisie. L'inconscient est quelque chose pour lequel vous devez, en tant qu'individu, creuser profondément. C'est souvent si profond que toutes les choses qui se trouvent dans la partie inconsciente ne peuvent être transportées dans la partie consciente ou préconsciente qu'avec l'aide d'un spécialiste. C'est pour cette raison que ces deux parties du modèle se trouvent tout en bas et sous l'eau. La partie préconsciente est une partie qui se trouve certes aussi sous l'eau, mais qui ne présente généralement pas de difficultés. Par exemple, la peur des araignées est une chose qui se trouve généralement sous la surface, mais qui est néanmoins évidente pour chaque individu. La partie consciente se trouve ensuite naturellement au-dessus de la surface.

Avec ce modèle, Freud tente d'expliquer les comportements et les réactions d'un individu. Le modèle décrit en effet qu'environ vingt pour cent seulement de ce qu'un individu communique, qu'il s'agisse d'une communication interpersonnelle ou d'une communication avec lui-même, est basé sur des faits et des données absolues, et que les quatre-vingts pour cent restants sont basés sur des expériences vécues et les sentiments qui y sont associés. Il décrit en effet lui-même l'être humain comme étant guidé par des sentiments et des émotions. Il étaye ensuite cette thèse ou cette connaissance avec ce modèle de l'iceberg.

Le modèle dispose cependant aussi d'autres titres pour les domaines respectifs. Par exemple, dans d'autres variantes, le conscient est appelé le *"moi"*, le préconscient le *"surmoi"* et l'inconscient le *"ça"*. Le "moi" désigne ainsi l'individu tel qu'il est. Le "surmoi" est la partie de la personnalité qui contient les valeurs et les mœurs et l'aspect de la personnalité "ça" décrit les instincts et les pulsions primaires d'un individu. Cette variante du modèle de l'iceberg est décrite de la manière suivante : le "ça" et le "surmoi" sont en conflit quasi permanent. Le surmoi, connu sous le nom de préconscient, est en effet la partie que l'on a apprise par la société.

En d'autres termes, grâce à l'éducation, un individu sait qu'il faut se comporter de manière calme et raisonnable dans un train de banlieue, parce que c'est ce qui convient selon les lois sociales et juridiques. Il peut toutefois arriver, en théorie, que le surmoi entre en conflit. En effet, un être humain est conçu pour se reproduire. Cela signifie qu'un individu pourrait avoir envie, en raison de son instinct sexuel, d'aborder une dame dans le RER et de se reproduire avec elle. Les deux instances sont alors en conflit, car l'acquis et l'inné se mettent en travers. Dans de telles situations, l'instance *du moi prend de l'*importance, car c'est elle qui décide en fin de compte de l'action à entreprendre.

Cette instance tente donc soit de décider si l'action

du surmoi ou du ça doit être réalisée, soit décide de mélanger les deux actions et de conclure ainsi un compromis. Freud a également utilisé ce modèle pour décrire les troubles psychiques. Selon lui, un violeur, exemple extrême, avait un "ça" très développé et ses pulsions étaient au premier plan. Selon Freud, il était toutefois possible de contrer le tout par une "bonne" éducation.

CLAUDIA SONNENBECK

40 effets psychologiques incroyables

Ci-dessous, 40 effets psychologiques qui sont non seulement étonnants dans le domaine de la psychologie, mais dont la connaissance a permis d'acquérir davantage de connaissances sur la psychologie et d'aider aux thérapies.

L'effet de spotlight

Le premier effet est ce que l'on appelle l'effet Spotlight. Cet effet provient du domaine de la psychologie sociale et thématise le phénomène selon lequel un individu s'imagine que d'autres personnes lui accordent plus d'attention que ce n'est le cas dans la réalité. Les personnes qui souffrent de phobies sociales sévères sont souvent concernées.

Espérance d'efficacité personnelle

Le concept d'attente d'efficacité personnelle désigne l'attente d'une personne qu'elle puisse maîtriser elle-même ses projets grâce à ses propres compétences. Une personne qui croit qu'elle peut faire la différence par ses actions et ce, même dans des situations difficiles, a donc une MCS élevée. L'une des composantes de la SWE est la croyance que l'on peut, en tant que personne individuelle, exercer une influence ciblée sur le monde et ses événements ainsi que sur le cours de l'histoire contemporaine, au lieu de considérer comme cause des circonstances extérieures telles que d'autres personnes, la chance ou des facteurs fondamentalement incontrôlables.

Effet d'embellissement

Personne n'aime les gens parfaits. L'effet "défaut de beauté" désigne le phénomène selon lequel les petits défauts rendent les choses vraiment intéressantes à nos yeux.

Réactance

Par réactance psychologique, on entend la réaction de défense qui se produit lorsque l'individu est soumis à des restrictions externes ou internes et qu'une résistance se manifeste. La réactance est généralement déclenchée par une pression psychologique (par exemple des menaces, des interdictions ou des restrictions similaires). La réactance au sens propre du terme ne désigne pas le comportement déclenché en réaction, mais la pensée qui sous-tend cette réaction. La réactance est typiquement due à "l'attrait de l'interdit". Elle décrit la situation où l'on veut encore plus quelque chose parce que cela nous a été interdit.

Effet Pygmalion

On parle d'effet Pygmalion lorsqu'une évaluation positive des caractéristiques d'une personne par une autre personne se confirme par la suite. L'exemple bien connu de la relation enseignant-élève fonctionne alors de la manière suivante : Un enseignant à qui l'on suggère que certains élèves sont particulièrement doués et prédestinés à être meilleurs que d'autres, les encouragera inconsciemment de manière à ce qu'ils finissent par améliorer leurs performances dans les faits, répondant ainsi à son hypothèse dont il a été "persuadé", mais qui n'avait pour lui aucun fondement empirique.

Effet de halo

L'effet de halo (de l'anglais halo, auréole) est une perception cognitive erronée issue de la psychologie sociale, qui consiste à déduire d'attributs connus, comme la générosité d'une personne, d'autres attributs inconnus positifs ou justement négatifs, dans le cas par exemple où quelqu'un qui est généreux est certainement aussi tolérant. En cas de distorsion positive, on parle aussi d'effet d'auréole, et en cas de distorsion négative, d'effet de cornes du diable.

Swimmer Body Illusion

L'illusion du corps du nageur désigne le processus cérébral par lequel l'homme tente de tirer des conclusions à partir de connaissances cognitives, mais confond le résultat et le critère de sélection. L'exemple à l'origine de cette formulation est celui des nageurs professionnels. Ceux-ci ont des corps musclés et en forme. Par rapport aux cyclistes professionnels ou aux bodybuilders, il semble plus naturel et plus cohérent, car la musculature est entraînée de manière plus régulière. On a donc vite fait de penser que la natation est le sport parfait pour avoir un beau corps. L'inverse est vrai : pour être un bon nageur, il faut déjà avoir un corps équilibré et pas forcément l'inverse.

Loafing social

Le terme "social loafing", qui décrit en français la "paresse sociale", désigne un phénomène socio-psychologique qui se produit fréquemment dans des situations de groupe. Dès que les individus travaillent collectivement avec d'autres pour atteindre un objectif commun et que leur performance individuelle n'est pas connue, leur tension physiologique diminue - ils se sentent en sécurité parce qu'ils pensent que leur propre contribution n'est pas décisive pour le résultat. Cette détente entraîne une baisse des performances pour les tâches simples. A l'inverse, elle entraîne une augmentation des performances pour les tâches difficiles, par exemple nouvelles ou complexes. Chaque individu a le sentiment que sa contribution peut être décisive et souhaite l'être, ce qui est perçu comme un besoin naturel. Chaque individu veut se distinguer.

L'ironie de Socrate

L'ironie socratique consiste généralement à faire semblant d'être négatif, par exemple en faisant l'idiot, afin de piéger son interlocuteur qui se croit supérieur. On le fait pour l'instruire ou le faire réfléchir et lui montrer sa supériorité supposée et son expertise.

Le biais d'autorité

L'authority bias est ce que l'on appelle la croyance en l'autorité. Cet effet décrit le fait que l'on se soumet sans mot dire et sans critique à une personne qui dégage de l'autorité.

Le biais de confirmation

Le biais de confirmation est également appelé erreur de confirmation et désigne la tendance à interpréter les informations de manière à ce qu'un individu réponde toujours à ses propres attentes.

Le biais du self-service

Le biais de self-service est un biais d'estime de soi. Cela signifie qu'en cas de réussite, un individu attribue à celle-ci des causes internes telles que les capacités, les aptitudes, le talent, l'ambition, etc. et qu'en cas d'échec, il attribue à l'inverse des causes externes telles que le hasard ou la situation globale.

Le biais d'outcome

L'outcome bias décrit le biais de résultat d'un individu. Cela signifie qu'un individu tente d'évaluer la qualité de la décision déjà prise malgré un résultat connu.

Le biais d'action

Le biais d'action désigne la tendance à toujours agir activement, même si l'on sait que l'action est potentiellement inutile ou nuisible.

Le biais de liking

Le biais de liking décrit l'effet selon lequel un individu essaie toujours d'agir de manière raisonnable ou même "correcte" parce qu'il essaie toujours d'être aimé.

Le biais de survie

Le biais de survie décrit un biais en faveur des "survivants". Cela signifie que le succès attire davantage l'attention que l'échec et que les individus qui ne réussissent pas ne sont pas pris en compte de la même manière que ceux qui réussissent.

L'effet de contraste

L'effet de contraste assure une perception plus intense d'une information grâce à une accentuation du contraste. Un exemple courant est par exemple un vêtement à prix réduit. Une robe qui est passée de 80 euros à 40 euros paraît moins chère et meilleure qu'une robe qui a toujours coûté 40 euros.

L'engrenage hédoniste

L'engrenage hédoniste désigne l'effet de revenir rapidement et avec bonheur à un niveau de vie stable après un coup du sort (qu'il soit positif ou négatif).

L'erreur de disponibilité

L'erreur de disponibilité décrit le phénomène selon lequel un individu établit ses propres statistiques sur la base des informations disponibles et de la mémoire. La peur de l'avion en est un exemple. La plupart des gens ont peur de mourir en vol, alors qu'il est plusieurs fois plus probable de mourir dans un accident de voiture. Cela s'explique par le fait qu'un accident d'avion est beaucoup plus présent et cruel dans les médias.

L'effet de propriété

L'effet de possession est un phénomène qui se produit lorsqu'on possède un bien. Il signifie que l'on estime qu'un objet ou un bien a plus de valeur et d'importance lorsqu'on le possède.

Le paradoxe de la sélection

Le paradoxe du choix est dû à la multiplicité des possibilités de choix. En raison de la masse d'offres qui lui sont soumises, un individu a du mal à faire son choix. Les nombreuses possibilités de choix entraînent un surmenage.

L'effet de l'erreur de coût irrécupérable

L'effet Sunk Cost Fallacy décrit l'effet selon lequel les individus sont plus enclins à voir l'intérêt de poursuivre une tâche si de l'argent, du temps et de l'énergie ont déjà été investis et qu'ils ne les récupèrent pas.

L'effet d'amorçage

L'effet d'amorçage signifie que le tout premier stimulus et la toute première interprétation qui lui est associée sont déterminants pour le reste de la décision d'un individu.

L'illusion du contrôle

L'illusion de contrôle décrit le fait qu'une personne est convaincue de pouvoir contrôler quelque chose, alors qu'il est prouvé que ce n'est pas vrai ou que ce n'est même pas possible.

La réciprocité

La réciprocité signifie la réciprocité et représente le principe de base de l'action humaine. La réciprocité assure ce qu'un individu a envie de faire. Par exemple, de punir une personne qui a été injuste et inéquitable envers lui.

L'erreur du joueur

Le raisonnement erroné du joueur décrit le phénomène selon lequel un individu croit que les coïncidences, les événements chanceux, mais aussi les coups de malchance ont plus de chances de se produire s'ils ne se sont pas produits depuis longtemps.

L'erreur de rareté

L'erreur de rareté décrit l'effet que les gens ont une préférence pour les biens qui ne sont disponibles qu'en quantité limitée.

L'effet Westermarck

L'effet Westermarck désigne le phénomène selon lequel les personnes qui ont grandi ensemble, indépendamment de leur lien de parenté, ne se trouvent pas sexuellement attirées et séduisantes plus tard dans la vie.

L'effet Dunning-Krüger

L'effet Dunning-Krüger signifie qu'un individu présente une tendance erronée à toujours surestimer ses propres connaissances et à toujours sous-estimer les compétences des autres.

L'effet placebo

L'effet placebo est considéré comme l'un des effets les plus connus et les plus répandus que l'humanité connaisse et dont la raison de la fonctionnalité ne peut pas être prouvée. Cet effet décrit le phénomène selon lequel les personnes peuvent "se soigner" sur la base de leurs propres pensées. Cela signifie que l'on pourrait vendre à une personne souffrant de maux de gorge un bonbon sans médicament et que la personne n'aurait malgré tout plus mal à la gorge si elle en consommait régulièrement, et ce simplement parce qu'elle pense que cela l'aidera.

L'effet nocebo

L'effet nocebo décrit l'opposé de l'effet placebo. Il décrit le phénomène selon lequel les gens peuvent tomber malades par leur simple imagination. En d'autres termes, on pourrait donner un bonbon à des personnes en leur disant "si vous ingérez ceci, vous allez prendre froid". Et cela se produirait, même si le bonbon n'est pas porteur d'agents pathogènes.

L'effet Bystander

Si l'effet Bystander se produit, cela signifie que plus il y a de personnes présentes, plus la probabilité qu'une personne apporte son aide lors d'un accident diminue.

L'effet Barnum

Cet effet décrit le fait qu'un individu interprète des affirmations générales de manière à ce qu'elles s'appliquent à sa propre personne. L'horoscope en est un exemple populaire. Si le signe astrologique du Bélier indique qu'un Bélier est têtu, on l'interprète soi-même de la même manière et on se forge une expérience et une situation qui correspondent à cette caractéristique.

L'effet superstar

L'effet superstar décrit le phénomène selon lequel les performances personnelles sont modifiées en raison de la présence d'un professionnel ou d'une star.

L'effet Hawthorne

L'effet Hawthorne décrit en dernier lieu le fait que les gens modifient leur comportement dans la mesure où ils savent qu'ils sont sous observation et/ou qu'ils participent à une étude.

La psychologie inversée

Tout le monde a déjà entendu le terme de psychologie inversée. La psychologie inversée décrit l'action contraire à ce qui est attendu. Cela signifie que les personnes à qui l'on dit, par exemple, de ne pas toucher la plaque de cuisson brûlante le font quand même et se brûlent les doigts. La psychologie inversée fait également ment partie de la Bible lors de l'histoire des origines. Il a été interdit de manger les fruits de l'arbre dans le jardin d'Eden, mais il y avait tout de même l'attrait de faire ce qui était interdit. La question qui se pose alors est de savoir s'il s'agit d'un simple défi de la part d'une personne qui se sent privée de sa liberté par des interdictions ou si cela a une raison plus profonde. Dans le domaine de la psychologie, le phénomène qui se produit lors de l'interdiction de choses s'appelle la réactance.

La réactance décrit une réaction de défense qui conduit à une résistance en raison d'interdictions et de restrictions prédéfinies. Souvent, une personne ne parvient pas à gérer cette pression psychique invisible qui la prive de sa propre liberté et change donc en quelques secondes sa motivation à faire ou à ne pas faire quelque chose ainsi que son attitude. Si l'on dit par exemple à une personne adulte qu'elle ne devrait pas se mettre à son compte, il se peut qu'elle soit tout à coup motivée à se mettre à son compte, alors qu'elle n'en avait pas l'intention auparavant. La réactance décrit donc "l'attrait de l'interdit".

On peut donc affirmer que la réactance ressemble beaucoup à la défiance, mais qu'il ne s'agit pas nécessairement de la même chose, car la réactance se produit généralement de manière inconsciente, alors qu'une réaction de défi pure peut être contrôlée. L'apparition de la réactance signifie, dans le sous-texte, que l'importance des actions et des informations change, même si l'on n'a jamais fait usage de cette "importance" auparavant. La réaction typique est donc quasiment "Je me fiche de ce que tu dis, maintenant je le fais encore plus !", car la personne essaie ainsi de manière compulsive de récupérer sa privation de liberté.

Une autre façon de se comporter en appliquant la psychologie inversée est de reprendre sa liberté en proposant des alternatives. Cette possibilité a pour conséquence que l'on n'est pas concerné par les interdictions et que l'on n'est malgré tout pas limité dans sa liberté d'action. En outre, il a été constaté que la réactance, avec <u>la léthargie</u> et la <u>surconformité</u>, compte parmi les principaux schémas de réaction dans le domaine de la pression ou de la restriction extérieure. Néanmoins, l'intensité de cette réactance et la forme qu'elle prend varient d'une personne à l'autre. Cela dépend finalement de différents facteurs, comme par exemple l'ampleur, c'est-à-dire l'importance de la perte de liberté. Un autre facteur est l'importance qu'un individu accorde à sa propre liberté, et bien d'autres encore.

Selon la réactance, un individu veut théoriquement toujours éviter qu'une perte de contrôle ne se produise, car les gens ont généralement eu des expériences négatives avec la perte de contrôle, c'est pourquoi le cerveau "sonne l'alarme" au moindre soupçon et veut inconsciemment les protéger.

La psychologie inversée est donc utilisée lorsque l'on souhaite justement amener quelqu'un à adopter cette attitude. Lorsque l'on veut motiver quelqu'un à faire quelque chose, l'utilisation de la psychologie inversée est donc très utile. En voici un exemple : En tant qu'entrepreneur, vous proposez des séminaires facultatifs à vos collaborateurs, mais personne ne s'y inscrit, bien que cela faciliterait le travail. La psychologie inversée est alors appliquée : L'entrepreneur annonce des séminaires qui facilitent la vie professionnelle avec la pression que l'offre disparaîtra si personne ne s'inscrit, puisque personne ne considère ce sujet comme important. La réactance est ainsi activée et les collaborateurs s'y inscrivent.

CLAUDIA SONNENBECK

Techniques efficaces de manipulation et de PNL

La psychologie humaine comprend également le pouvoir des techniques de manipulation et de la PNL. La PNL est la version abrégée de la "programmation neurolinguistique" et comprend les techniques et méthodes les plus diverses qui peuvent modifier les processus psychiques. Ces méthodes sont basées sur la communication, les mimiques et les gestes. La PNL est également définie comme "l'étude de la structure des expériences subjectives". L'intention fondamentale est de découvrir, d'analyser et d'optimiser les différents facteurs d'efficacité d'une thérapie réussie.

MANIPULER EN CRÉANT UNE ATMOSPHÈRE AGRÉABLE

Il est possible de manipuler le psychisme humain de manière ciblée grâce aux influences les plus diverses. L'une d'entre elles est la manipulation par une atmosphère agréable. Cette atmosphère peut contenir de nombreuses choses qui prouvent scientifiquement qu'elles calment et détendent l'homme. Certaines couleurs, par exemple, en font partie. Par exemple, le jaune a un effet anxiogène et dépressif sur les gens, le bleu est très familier, le vert est harmonieux et l'orange a un effet très positif sur l'humeur.

Il est également possible de créer une atmosphère agréable et sans stress en utilisant des bruits de pluie ou des sons naturels en général. Et comme une personne se laisse plus facilement influencer lorsque son état de base est meilleur, il est possible de manipuler activement et consciemment une personne avec une atmosphère agréable pour qu'elle soit plus disposée.

MANIPULATION A L'AIDE D'EMO-TIONS FORTES

Une autre façon de manipuler son interlocuteur est de lui faire ressentir de fortes émotions. Un exemple classique est le déplacement de la question de la culpabilité et le déplacement des obligations. Par exemple, si une personne A est en couple avec une personne B, mais qu'elle est tombée amoureuse d'une personne C, la personne A se trouve dans un conflit intérieur, car d'une part, la personne A ne veut pas enfreindre son principe de fidélité et ne veut pas quitter sa partenaire actuelle à cause d'une nouvelle personne, car elle aurait alors mauvaise conscience, mais d'autre part, elle veut quand même avoir des relations intimes avec la personne C. C'est pour cette raison que la personne A se comporte envers sa partenaire de manière à mettre fin à la relation. En effet, lors de disputes, il peut ainsi blâmer la personne B et s'en distancer lui-même, ne se sentant pas obligé, bien qu'il l'ait manipulée.

Un autre exemple est celui de la personne X qui souhaite obtenir plus d'attention de la part de la personne Y. Pour cette raison, la personne X se force à pleurer pour que la personne Y se sente obligée d'aider. Cette technique de manipulation fonctionne très rapidement, car les émotions peuvent fondamentalement créer le chaos. Chaque personne essaie en effet toujours de ménager les sentiments d'autrui ou de défendre les siens.

MENSONGES

La manipulation fonctionne aussi avec les mensonges. En effet, une fausse affirmation peut fondamentalement faire en sorte qu'une personne pense d'une autre manière à une situation en raison des informations erronées. Cette manipulation fonctionne bien sûr très bien si l'on ne se fait pas prendre en train de mentir. Mais si l'on est pris en flagrant délit de mensonge, la situation qui en résulte est généralement pire que la vérité. Mentir, c'est donc prendre des risques.

TAIRE

La dissimulation est similaire au mensonge, mais elle n'entraîne généralement pas de problèmes majeurs lorsqu'elle est démasquée. Néanmoins, la dissimulation d'informations a bien sûr un effet manipulateur. En effet, l'absence d'informations fait en sorte que l'autre prenne ses décisions sans tenir compte de toutes les informations.

MANIPULATION PAR LA RECOMPENSE

Une autre technique de manipulation serait la manipulation par la récompense. Il s'agit de parler directement de la récompense. Des exemples seraient : "Si tu couvres mon mensonge, je t'emmène faire du shopping" ou encore "Si vous êtes silencieux en classe, vous n'aurez pas de devoirs". Des scientifiques et des médecins ont pu prouver qu'une personne peut changer impulsivement son attitude fondamentale ou son besoin actuel. La question de savoir si l'attitude va changer dépend toujours uniquement du fait que l'"échange" en vaille la peine. Or, les personnes qui cherchent à vous manipuler en vous récompensant vous offrent généralement quelque chose en échange, ce à quoi vous ne voulez pas renoncer.

MANIPULATION PAR LA CRITIQUE

Cependant, les gens peuvent aussi manipuler d'autres personnes en les critiquant. Cette critique peut alors avoir un effet positif ou négatif sur une personne. La phrase "Quand tu joues du piano, ça ne sonne pas bien" peut être perçue de différentes manières par les gens. Cette phrase peut soit servir d'encouragement, soit faire en sorte que la personne perde son plaisir à jouer du piano. Si l'on veut manipuler quelqu'un en le critiquant, il faut donc faire attention aux mots que l'on utilise et bien évaluer la personne.

CHANGER LES CHIFFRES

Il est également possible de manipuler efficacement en modifiant les chiffres. La falsification ou la modification de données, de faits, de statistiques et de chiffres a probablement l'un des effets de manipulation les plus efficaces. Les aspects rationnels mentionnés ci-dessus sont en effet considérés par les gens comme un critère "correct" et ne sont donc jamais remis en question.

FOOT IN THE DOOR TECHNIQUE

La technique "Foot in the door" se traduit par "pied dans la porte" et décrit la volonté de personnes à qui l'on a déjà demandé un petit service de rendre un autre service plus important. L'efficacité de cette technique a été démontrée par une expérience avec des panneaux. Celle-ci s'est déroulée comme suit : on a d'abord demandé à des personnes à la porte d'entrée si elles étaient prêtes à placer un tout petit panneau à leur fenêtre. Deux semaines plus tard, on leur a demandé s'ils accepteraient de placer un très grand panneau dans leur jardin. On a finalement constaté que 55% des personnes qui avaient accepté de placer le petit panneau étaient prêtes à placer le grand panneau dans leur jardin, tandis que seulement 17% des personnes à qui on avait demandé directement de placer le grand panneau avaient accepté la demande. Cela prouve plus ou moins que l'on peut manipuler les gens en leur faisant "mettre le pied dans la porte".

MOYENS RHETORIQUES

Le pouvoir de manipulation des moyens rhétoriques est une transition vers la PNL. Les moyens rhétoriques sont par exemple utilisés par les politiciens afin d'adapter leur discours à leurs propres besoins, ou encore par les publicitaires et les vendeurs. Il existe également un terme appelé "marquage analogique" qui décrit précisément l'utilisation de moyens rhétoriques et d'autres figures de style. Il s'agit par exemple de l'utilisation d'un certain ton de voix ou de l'insertion de pauses dans le discours et du volume sonore. L'accentuation des mots et la vitesse d'élocution peuvent également avoir une influence sur le discours ou le slogan. L'utilisation consciente de la mimique et de la gestuelle aide également à vouloir communiquer quelque chose aux gens de manière subliminale ou à les inciter à faire quelque chose de manière subliminale. Par exemple, tout le monde sait que les publicités pour les supermarchés sont souvent fortes et rapides, alors que les documentaires sont souvent tournés à un volume sonore normal et sont également parlés à un rythme normal. Cela s'explique bien sûr par le fait que différents objectifs doivent être atteints. Le fait est qu'en utilisant ces moyens rhétoriques, l'auditeur n'a plus une vision objective des faits et que cette technique fait donc définitivement partie des techniques efficaces de manipulation ou de PNL.

RAPPORT (PROGRAMMATION NEUROLINGUISTIQUE)

Pour aller plus loin, il s'agit des techniques PNL. L'une d'entre elles est le "rapport". Le rapport décrit l'utilisation du même niveau de langage. Cela permet de ne pas paraître incompréhensible à son interlocuteur en adoptant le même niveau et de mieux le comprendre. Cela crée de la confiance et permet, grâce au même langage, de faire comprendre à l'autre, en utilisant "son langage", quelque chose qu'il n'aurait pas compris auparavant et de convaincre ainsi plus rapidement ou mieux cette personne.

MIROIR (PROGRAMMATION NEU-ROLINGUISTIQUE)

Ce que l'on appelle le reflet désigne presque la même chose que le rapport, à ceci près qu'il ne s'agit pas seulement d'une adaptation verbale, mais aussi d'une adaptation non verbale. Cela signifie que l'on essaie toujours d'imiter les gestes et les mimiques. Cette imitation des gestes et des mimiques, associée à l'imitation de la parole, a en effet un effet très sympathique sur la personne en face d'elle, car elle peut s'identifier.

LEADING (PROGRAMMATION NEUROLINGUISTIQUE)

Le leading fait également partie de la PNL et décrit la manière de mener ou d'engager une conversation. On y parvient grâce à l'effet miroir et au rapport.

RECADRAGE (PROGRAMMATION NEUROLINGUISTIQUE)

Dans ce contexte, recadrer signifie en quelque sorte "donner un cadre". Cela signifie que de nouveaux comportements, de nouvelles significations, de nouvelles réactions ainsi que de nouvelles croyances peuvent être développés.

Changer les habitudes

Changer ses habitudes. Cette affirmation est plus facile à dire qu'à faire, mais c'est une étape essentielle pour le psychisme d'une personne. Pour qu'une personne qui n'est pas particulièrement heureuse en raison des circonstances de la vie, etc., le redevienne, elle doit changer et reformuler ses habitudes et les attitudes et croyances qui y sont liées.

Par exemple, si l'habitude est prise de se lever chaque matin 20 minutes avant de commencer à travailler, alors que l'individu s'énerve chaque matin parce qu'il ne peut pas prendre de petit-déjeuner, c'est précisément ce que l'individu devrait changer. On pourrait changer l'habitude de se doucher le matin et de prendre ensuite le petit-déjeuner. Même si cela semble difficile à mettre en œuvre au début, ce n'est qu'une question d'*habitude.* De plus, de nouvelles habitudes permettent de célébrer en silence de nouvelles étapes de la vie. Symboliquement, on s'offre ainsi une nouvelle étape et on se montre ouvert à la nouveauté.

C'est pour cette raison qu'il faut aussi restructurer ses croyances habituelles. Par croyances, on entend des affirmations et des convictions qui sont ancrées en nous, sans que nous sachions nous-mêmes exactement d'où vient cette opinion. Un exemple d'une telle croyance serait : "Tous les chefs sont arrogants, c'est pourquoi je ne veux jamais en devenir un". Une restructuration positive serait : "Être chef est certainement un défi, j'aimerais bien être de ce côté-ci de la table". Bien sûr, une telle restructuration ne fonctionne pas non plus du jour au lendemain, mais c'est une pure question d'habitude et c'est très important si l'on veut aussi changer activement quelque chose à son comportement.

Les croyances d'un individu englobent donc des choses, des attentes, des priorités, des opinions et bien d'autres choses dont nous pensons qu'elles correspondent à la vérité en raison de notre éducation, de notre expérience, des médias, etc. Ces phrases par lesquelles un individu défend ses opinions et ses points de vue ont quelque chose à voir avec la vérité à laquelle on croit consciemment ou même inconsciemment. Par exemple, ce n'est pas parce que des parents ont dit "on ne parle pas d'argent" que c'est un sujet général qui est tabou. On le pense seulement parce qu'on l'a appris ainsi. Et il en va de même pour les phrases qui ont un rapport personnel avec un individu, comme par exemple l'affirmation "tu ne sais pas jouer du piano".

Car l'effet secondaire négatif de telles affirmations est que l'on commence à un moment donné à reprendre cette phrase pour soi-même et à se dire alors "je ne peux pas le faire". Et c'est justement là que se trouve la clé de ces croyances. Il faut apprendre à restructurer et à reformuler celle-ci. Les pensées positives doivent se consolider ainsi que la volonté de remettre en question sa propre opinion et, le cas échéant, de la modifier. Bien sûr, il est loin d'être facile de restructurer les croyances que l'on porte en soi et de changer les habitudes, mais si cela contribue à améliorer le bien-être psychique, ces remises en question et ces changements en valent définitivement la peine.

Cette restructuration des croyances et des habitudes a également un rapport avec le terme générique de programmation neurolinguistique. Les habitudes et les croyances influencent en effet la pensée au quotidien et influencent inconsciemment les décisions et le comportement. Et en les modifiant activement, on peut "reprogrammer" son cerveau pour qu'il pense d'une autre manière.

La visualisation comme aide à la réalisation des objectifs

La clé pour atteindre ses objectifs dans le domaine de la psychologie est basée sur le concept de visualisation, qui décrit la nécessité de visualiser le problème et l'objectif correspondant. Il est important de savoir exactement où se situe le problème. Il faut savoir ce qui nous tracasse, car ce n'est qu'en le sachant que l'on peut y travailler activement. Mais dès que l'on a visualisé le problème, on peut s'atteler à la visualisation des objectifs. Cela signifie que l'on devrait toujours répondre à la question "Qu'est-ce que je veux ? De quoi ai-je besoin ? Qu'est-ce qui me rendrait heureux du fond du cœur ?". Une fois que l'on a pu répondre à cette question, on peut se pencher activement sur le chemin qui nous mènera à notre objectif. Comme nous l'avons déjà mentionné, il est important de fixer un objectif intermédiaire réaliste. Mais ce n'est pas la seule chose à visualiser. En psychologie, il est important de se connaître soi-même et de ne pas se mettre en travers du processus d'apprentissage. La force intérieure d'un individu est particulièrement importante et essentielle, tout comme son environnement social.

Fin

En conclusion, la psychologie contient d'innombrables thèmes et sous-thèmes, avec des ramifications complexes très diverses, qu'il est très difficile de comprendre. Le psychisme d'une personne est cependant extrêmement important et devrait être entretenu par chacun. Le maintien de la force intérieure, la préservation de la confiance en soi et la gestion de la frustration sont les points les plus importants à prendre en compte. En outre, on peut affirmer en conclusion que les différentes branches de la psychologie ont toujours voulu au moins une chose : Expliquer le comportement humain dans les contextes les plus divers.